HORÓSCOPO CABALLO 2023

Angeline A. Rubi y Alina A. Rubi

Publicado Independientemente

Autora: Angeline A. Rubi y Alina A. Rubi

E-mail: rubiediciones29@gmail.com

Edición: Angeline A. Rubi

rubiediciones29@gmail.com

Introducción

El calendario chino es antiguo y complejo, y nunca ha sido simplificado. Muchas culturas sustituyeron el calendario Lunar por el calendario del Sol.

El calendario chino, islámico y hebreo, se rigen por las fases lunares. Es un sistema complicado ya que no solo se rigen por los ciclos lunares, sino que incluyen también el ciclo solar, el de Júpiter y Saturno.

Los chinos consideran que la energía universal está regida por el equilibrio. El concepto de Yin y Yang es el más importante dentro de ese equilibrio. Yin es opuesto a Yang y viceversa, pero juntos alcanzan el equilibrio total. Esta energía la podemos encontrar en todo lo que existe, lo tangible y lo intangible.

El simbol del Ying/Yang se divide en dos mitades, una es negra (Yin) y la otra blanca (Yang). Ambas partes están unidas en el medio por una elipse que las enlaza constituyendo una curva. Sus colores, negro y blanco significan que existe la dualidad, y que para que subsista una, innegablemente tiene que existir la otra. Dentro del Yin hay un círculo Yang, que simboliza que la oscuridad siempre requiere de la luz. Dentro del Yang encontramos un círculo Yin, indicándonos que dentro de la luz siempre encontraremos oscuridad.

La elipse que los une significa que todo fluye, se transforma y evoluciona. Si existe un desbalance de cualquiera de estas dos energías, Yin o Yang, nuestra vida no está equilibrada, ya que juntas se fortalecen. Nunca debemos pensar que una energía es superior a la otra, ambas deben concurrir equitativamente.

Desafortunadamente en nuestra sociedad existe una tendencia a favorecer la energía Yang, pensando que sus características son las más significativas. Al hacer esto creamos una división entre el plano espiritual y material, pues al reducir el valor de la energía Yin somo menos reflexivos pensando que la susceptibilidad es algo negativo, pues implica fragilidad.

Lo mismo sucede con la oscuridad, no solo la evitamos, sino que tenemos miedo de ella. Ambas energías son importantes. Solo podemos ser seres espirituales cuando hay un equilibrio entre el Yin y Yang porque no solo eres luz, sino también oscuridad. Es un error valorar y privilegiar lo fuerte, o la acción. Debemos apreciar y valorar lo femenino, y la sensibilidad, ya que solo de esa forma podremos alcanzar el verdadero equilibrio de nuestro ser, desde una posición de amor y firmeza.

En los signos del zodiaco chino están presentes la energía Yin y Yang, y ellas son las que estipularán las características de cada animal, y los elementos asociados a estos.

La energía Yin se vincula a lo oscuro, frío, femenino, la abstracción, lo profundo y la Luna. Los signos Yin son pensativos, sensitivos, y curiosos. Ellos son el Buey, el Conejo, la Serpiente, Cabra, el Gallo y Cerdo.

La energía Yang está relacionada a la luz, lo caliente, la superficialidad, el Sol y el pensamiento lógico. Son signos impulsivos, y materialistas. Ellos son: la Rata, el Tigre, Dragón, Caballo, Mono y Perro.

Las energías Yin y Yang se relacionan con los elementos, que a la vez estarán derivándose de los años en que estos sucedan. Cada elemento posee energía Yin y Yang.

- *Los años que terminan en el número **0** su elemento es el Metal, y están relacionados a la energía Yang.*
- *Los años que terminan en el número**1** su elemento es el Metal, y están relacionados a la energía Yin.*
- *Los años que terminan en el número **2** su elemento es el Agua, y están relacionados a la energía Yang.*
- *Los años que terminan en el número **3** su elemento es el Agua, y están relacionados a la energía Yin.*
- *Los años que terminan en el número **4** su elemento es la Madera, y están relacionados a la energía Yang.*
- *Los años que terminan en el número **5** su elemento es la Madera, y están relacionados a la energía Yin.*
- *Los años que terminan en el número **6** su elemento es el Fuego, y están relacionados a la energía Yang.*
- *Los años que terminan en el número **7** su elemento es el Fuego, y están relacionados a la energía Yin.*

- *Los años que terminan en el número 8 su elemento es la Tierra. y están relacionados a la energía Yang.*
- *Los años que terminan en el número **9** su elemento es la Tierra. y están relacionados a la energía Yin.*

Origen del Horóscopo Chino

El horóscopo chino es una tradición de más de 5000 años, y está basado en los años lunares.

La leyenda cuenta que Buda llamó a todos los animales, no obstante, sólo doce asistieron a su convocatoria en el siguiente orden: la rata, el Buey, el tigre, el conejo, el dragón, la serpiente, el caballo, la cabra, el mono, el gallo, el perro y el cerdo.

Cada animal recibió como regalo un año, formándose el ciclo de doce años que utiliza la astrología china. Por ende, cada signo tiene un nombre de un animal, y a cada animal le corresponde un año.

A cada animal también se le asignó uno de los cinco elementos que se corresponden con las energías planetarias:

- *agua (Mercurio)*
- *metal (Venus)*
- *fuego (Marte)*
- *madera (Júpiter)*
- *tierra (Saturno)*

El Horóscopo chino expresa la analogía de las energías cósmicas con cada individuo. Por esa razón la energía de cada persona está representada por uno de los doce animales que forman este sistema zodiacal.

Cada animal y la energía que te corresponde está determinada por tu fecha de nacimiento. Estas energías definen tus comportamientos, y como percibes el mundo. Para los chinos estos signos simbolizan las particularidades más notables de nuestro carácter. Para entender adecuadamente el significado de los animales tenemos que verlos como símbolos espirituales.

El Horóscopo Chino no está basado en el ciclo solar, sobre el que se fundamenta el horóscopo occidental. Está basado en los ciclos de la Luna. Cada año lunar tiene doce lunas nuevas y cada doce años una decimotercera, por tanto, un año nuevo nunca coincide con la fecha del año anterior.

Los doce animales del horóscopo chino influencian en la vida, suerte y voluntad de todos los seres humanos. Estas cualidades no se manifiestan abiertamente en la vida diaria, pero siempre están presentes, actuando en forma de fuerzas ocultas.

El período chino de doce años está vinculado con el tránsito del planeta Júpiter, y cada año lunar chino en la astrología occidental se corresponde casi al tiempo de duración del tránsito de Júpiter por un signo zodiacal. Júpiter se halla siempre en el signo de la astrología occidental que tradicionalmente se corresponde con el animal del horóscopo chino.

Tu Ascendente según el Horóscopo Chino.

Juntamente con tu signo del horóscopo chino, también tienes un ascendente determinado por tu hora de nacimiento. Este animal tendrá una influencia fuerte en la imagen que proyectas hacia los demás, y en los acontecimientos de tu vida. Debes leer también el horóscopo para el animal que representa tu ascendente.

Este signo del ascendente simboliza la energía que puedes llegar a desarrollar, y las características, que, esforzándote, puedes adquirir. Esa es la razón por la cual en ocasiones tenemos diferentes atributos a los relacionados a nuestro signo.

En el horóscopo chino es muy sencillo determinar tu ascendente, el único dato que necesitas es tu hora de nacimiento.

Hora de nacimiento	***Animal ascendente***
11.00 p. m. a 12.59 a. m.	*Rata*
1.00 a. m. a 2.59 a. m.	*Buey*
3.00 a. m. a 4.59 a. m.	*Tigre*
5.00 a. m. a 6.59 a. m.	*Conejo*
7.00 a. m. a 8.59 a. m.	*Dragón*
9.00 a. m. a 10.59 a. m.	*Serpiente*
11.00 a. m. a 12.59 p. m.	*Caballo*
1.00 p. m. a 2.59 p. m.	*Cabra*
3.00 p. m. a 4.59 p. m.	*Mono*
5.00 p. m. a 6.59 p. m.	*Gallo*
7.00 p. m. a 8.59 p. m.	*Perro*
9.00 p. m. a 10. 59 p. m.	*Cerdo*

Combinaciones de los Signos.

Ascendentes del Caballo

Caballo ascendente rata

Nacieron de 11pm a 1 am. Son simpáticos, alegres y buenos amigos. Son seductores y buenos para resolver problemas.

Caballo ascendente buey

Nacieron de 1 am a 3 am. Son muy serios. Tienen mucha facilidad para concentrarse, y lo que se proponen lo cumplen.

Caballo ascendente tigre

Nacieron de 3 am a 5 am. Son valientes y muy seguros de lo que quieren. Tienen una visión del futuro fantástica y envidiable.

Caballo ascendente conejo

Nacieron de 5 am a 7 am. Son románticos, cariñosos y apasionados. Son trabajadores y solidarios.

Caballo ascendente dragón

Nacieron de 7 am a 9 am. Tienen una gran autoestima. Algunas veces son ansiosos y ven fantasmas donde no hay.

Caballo ascendente serpiente

Nacieron de 9 am a 11 am. No son sociables, pero si son familiares. Son muy inteligentes y tienen suerte en el amor.

Caballo ascendente caballo

Nacieron de 11 am a 1 pm. Son exitosos y divertidos. Algunas veces son nerviosos y egocéntricos cuando pierden una batalla.

Caballo ascendente cabra

Nacieron de 1 pm a 3 pm. Son tranquilos y serenos. Tienen un gran poder de concentración.

Caballo ascendente mono

Nacieron de 3 pm a 5 pm. Son triunfadores y muy inteligentes. Todo lo que se proponen lo consiguen. Tienen suerte en el amor.

Caballo ascendente gallo

Nacieron de 5 pm a 7 pm. Son valientes y los obstáculos no los paralizan., Tienen mucha seguridad en sí mismos, viven tranquilos, y felices.

Caballo ascendentes del perro

Nacieron de 7 pm a 9 pm. Son tradicionales, familiares y leales. Son honestos y sinceros.

Caballo ascendentes del cerdo

Nacieron de 9 pm a 11 p.m. Son sociales y fantasiosos. Algunas veces son un poco vagos. Tienen suerte en los juegos de azar.

Elemento Chino del Año 2023, el Agua

Este año le rinde tributo al agua, es decir el Yin será el elemento del año. El mismo simboliza la compasión, tranquilidad, el discernimiento y la simplicidad. El agua representa el despertar intuitivo, es una llamada a depurar nuestra conciencia. Este año se abre un portal a la meditación para que podamos encontrar la paz interior. Es una señal para abrir nuestra mente y el corazón, y será la única forma que podremos recibir lo nuevo.

La creatividad es una de las principales cualidades que caracterizan a este elemento, también la adaptabilidad. Sin agua no es posible la existencia de ningún organismo en el planeta tierra, el agua es pura y cristalina, características que reúnen los que poseen este elemento.

El elemento agua en la astrología china representa la sabiduría, y la habilidad de adaptarse a cualquier situación. El agua, por naturaleza, drena y humedece. Cala todas las fisuras, adquiere cualquier forma, es el mejor diluente y arrasa todo en su camino, destruyendo incluso las piedras.

Las personas que pertenecen a los signos del elemento agua pueden usar moderadamente las aptitudes de los demás y apartar fácilmente todos los obstáculos de su camino. No obstante, sus propósitos pueden verse dañados por su escasez de fortaleza. Los que pertenecen a este elemento son impetuosos, van al extremo de las cosas, pero también son proclives al análisis y se acomodan bien a cualquier circunstancia. Son afables, tolerantes y tienen mucha intuición lo que les permite predecir posibles sucesos.

Significado de los Elementos en el Horóscopo Chino

Metal

Las personas que nacieron en los años que terminan en 0 o 1 en el horóscopo chino están categorizadas dentro del elemento metal. El metal, materia de la que están confeccionados los escudos y las espadas, es el elemento que simboliza la firmeza, y la honestidad, pero también la severidad.

El Metal es el elemento del otoño, estación de la recolección y abundancia. Es dual como las funciones de su elemento, ya que en forma de espada liquida, y de cuchara alimenta. El Metal procede de la tierra, es dominado por el Fuego y transfigura la madera.

La personalidad de estos individuos que pertenecen al elemento metal tiene una tendencia a ser fuertemente ambivalente. Ellos se desenvuelven mejor cuando están solos ya que así no tienen que rendirle cuentas a nadie.

Son decididos, forjadores de su destino, tercos, profesionales e indiferentes a cualquier intento de compromiso. Su libertad es lo primordial, y es inútil intentar presionarlos, y mucho menos ayudarlos, porque no escuchan a nadie y no aceptan intrusiones e impedimentos. Eligen contar sólo consigo mismo, y no se dejan impresionar por nadie, ya que son poderosos y están capacitados para ejecutar grandes trabajos.

Para ellos no existen dificultades que los detengan, y aunque una situación se torne insostenible ellos resisten hasta el final. Son ambiciosos y calculadores, aman el dinero, poder y éxito, y no escatiman en los medios para alcanzar sus propósitos, aunque eso signifique romper relaciones.

Están diseñados para las carreras que les faculten expresar su elemento: joyeros, financieros, seguros de cualquier tipo, cerrajeros, mineros, cirujanos, y para cualquier contexto que les permita distinguirse de los demás. También pueden obtener éxito en profesiones conectadas con la madera o el papel. Le resultarán beneficiosas las relacionadas con el agua, las que tienen relación con la tierra pueden causarles conflictos y deben alejarse de aquellas que se relacionan con el elemento fuego.

No les interesan los sentimientos, y no se conmueven por las dificultades de los demás, hasta el punto de llegar a manipularlos si con eso pueden obtener alguna ventaja. Los que sufren las consecuencias son específicamente las personas del elemento madera, ya que los manipula y somete con agresiones frontalmente. Sin embargo, las personas del elemento agua, como son receptivas reciben un empujón efectivo que les beneficia enormemente. Los únicos que realmente pueden doblegarlos son los individuos que pertenecen al elemento Fuego, ya que dominan su insensibilidad y su severidad con una contagiosa emoción.

Físicamente puedes reconocer a una persona del elemento metal por su mirada tristona y el color anémico de su cara. Es frágil, propenso al estrés, y puede verse afectado por los cambios de temperaturas, y de una nutrición escasa. Esa es la razón por la que deben estimular su apetito, enfatizando los comidas que tengan picantes.

La estación más favorable para ellos es el Otoño, y durante la misma puede desarrollar al máximo sus potencialidades, aunque eso no significa que deba excederse, o ser testarudo. Debe usar ropas blancas, y utilizar como amuleto metales, y cuarzos blancos.

El Metal es rígido y tajante, no le teme al peligro. Es un tipo de persona independiente, que, animada por la codicia, procede con perseverancia, se concentra en el éxito, planifica por adelantado, y detesta lo espontáneo.

Una vez que adopta un camino no lo cambia. A pesar de su insensibilidad externa las personas de este elemento irradian un magnetismo que lo perciben todos con quienes se conectan. No obstante, para beneficiarse de sus habilidades, deben aprender a ser menos dogmáticos ya que esto interfiere en sus relaciones.

Las personas nacidas bajo el elemento metal deben educarse, para que puedan expresar sus emociones. Si no lo hacen sentirán que disminuyen sus energías.

Tierra

Las personas que nacieron en los años que terminan en los números 8 o 9 pertenecen al elemento tierra. A este elemento le corresponden las características de la firmeza, persistencia y fecundidad. Aunque en la astrología china, la Tierra no tiene una estación propia, se relaciona en el calendario con las últimas dos o tres semanas de las otras estaciones.

La Tierra es el elemento que representa la estabilidad, y lo tangible, pero si existe un exceso transforma a las personas en cautelosas, recelosas y testarudas, restringiendo sus iniciativas y fantasías.

La persona del elemento tierra es paciente y humilde, siempre trabaja con constancia, sin otorgarse un instante de regocijo o desorden. No se cansa nunca, y puede ser tan afanoso y materialista, como ingenuo y prudente. Su característica más incuestionable es su desánimo acentuado. Es demasiado serio, le encanta planificar y dirigir, se siente horrorizado por las casualidades, y, aunque es inteligente y tiene una memoria excepcional, le molesta mostrarse resplandeciente.

Infatigablemente reflexivo, ambicioso y angustiado, se expone de esta forma a recargar el bazo, un órgano relacionado con este elemento, y que se debilita cuando la persona tiene una mentalidad aguda.

La persona que pertenece a este elemento cimienta las relaciones personales paulatinamente, pero perdura por mucho tiempo. Es muy devoto y defensor en el amor, siempre listo a contraer y cumplir sus responsabilidades, y aunque no es demostrativo en sus emociones es un hombro con el que siempre se puede contar porque estará a tu lado en los momentos que lo necesites.

En su trabajo son serios y de carácter retraído, pero también organizados, y de confiar. Son las personas indicadas para llevar los negocios con una moralidad, austeridad y honradez a prueba de fuego. Su raciocinio los hace ser insuperables intermediarios en los problemas, contribuyendo con sus propias salidas prácticas y oportunas. Es competente para profesiones que requieran destreza, pero que no involucren tomar iniciativas, o situaciones de liderazgo.

Aunque no es una persona fácil de soportar, por lo caprichosa y nostálgica que es, y por su incompetencia de ser alegre, se conecta bien con el elemento metal, al que inculca estabilidad, y con el agua, al que logra contener y gobernar diestramente.

Usualmente tiene conflictos con el elemento madera, ya que, aunque la protege en ocasiones también la sofoca, y con el Fuego, que lo impulsa tanto como lo debilita.

El elemento tierra, se relaciona con el planeta Saturno. Debe ser muy cuidadoso con él consumo de dulces, algo que le encanta, ya que es afín con su elemento. Deben escoger siempre el dulce natural, y limitar el uso de azúcar blanca ya que esto destruye el calcio de su sistema óseo. Su otro punto débil es el sistema digestivo, que suele castigarle fuertemente, por esa razón debe conservar una dieta liviana y de cómoda digestión. Es recomendable que busque el contacto directo con la madre Tierra, caminando descalzos por la arena o en el campo.

Su color de la suerte es el amarillo, y sus cuarzos el topacio, y la citrina.

La Tierra representa la riqueza, sensatez, el materialismo, y la seguridad. Estas personas suelen ser introspectivas lo que les hace tener una gran capacidad de raciocinio. La Tierra es el recipiente de la vida y esto sella de forma imborrable a los nacidos bajo el influjo de este elemento, ya que son personas estables en quién puedes delegar.

La tierra se alimenta del fuego, generando una gran energía que calienta y funde al metal, puede llegar a someter al agua, y ser consumida por la madera.

Para sentirse bien, la persona del elemento tierra necesita seguridad material, aunque hay que destacar que es hacendoso, formal y organizado. Se le puede recriminar por ser pretensioso, pero por sus méritos ellos avanzan hacia sus metas lentamente, obteniendo resultados estables.

Fuego

Las personas que nacieron en los años que terminan en 6 o 7 se corresponden con el elemento fuego. A este elemento le pertenecen la pasión, la valentía y el liderazgo. El elemento fuego es el elemento de la estación del verano, donde todo fructifica y llega a su consumación. Está relacionado al planeta Marte, beneficioso, pero en ocasiones impulsivo. Es desmedidamente estéril y simboliza a la persona que sobresale, pero también que maltrata de los demás. Combativo, vanidoso, e irritable, la persona de este elemento pasa del enojo al júbilo desenfrenadamente.

Desde niño tiene una personalidad de líder, la ambición está presente en su vida, le gustan los peligros, la risa, el entusiasmo y el conflicto. Las dificultades en vez de amilanarlo lo incitan a proceder, y en estos casos sufren una metamorfosis violenta.

Estas personas nacieron para vencer, pero no saben admitirlo, porque no alcanzan a observarse y explotar sus energías. Geniales en el área militar, el deporte, y como jefes, ya que los demás perecen ante su carisma. Saben cómo utilizar las energías del elemento madera, utilizando su genialidad a su servicio, e induce en las personas del elemento tierra el coraje vital para seguir avanzando. Las personas del elemento agua tienden a extinguir su pasión, y las del metal los colocan a prueba con una rigidez que drena su campo energético.

El órgano más fácilmente dañado en estas personas es el corazón, existe la posibilidad de que sufran taquicardias. Además, pueden sufrir de los oídos, y el intestino. Deben usar ropas de colores vivos, entre los que prevalezca el rojo, y también usar como amuletos los cuarzos como granates y hematitas. También debe utilizar incienso y velas.

Desprendidas, apasionadas y oportunistas estas personas tan carismáticas, se comunican bien y se centran en la acción. Su egoísmo y deseos de triunfar son incalculables y sólo confían en su propios puntos de vistas. Tienden a descuidar los detalles ya que a veces son testarudas y se embarcan en metas que requieren trabajos intensos.

Las personas nacidas bajo la influencia del elemento fuego son positivas, siempre dan lo mejor y se implican en todo lo que hacen con amor y con voluntad. Sus energías sirven para sustentar a quienes están en su entorno y carecen de ella.

El fuego calienta el hogar, nos permite preparar los alimentos. Este elemento nutre la tierra a través de las cenizas, se alimenta de leña seca, es decir la madera, su calor domina el metal, es decir, lo hace flexible, y solo puede ser dominado por el agua.

Un líder siempre tiene abundancia del elemento fuego y siempre se inclina a tomar decisiones rápidas. Le atraen las ideas poco convencionales, no le teme al peligro, y siempre está en movimiento. Es importante que aprenda a tener inteligencia emocional, porque la arrogancia puede fortalecer su egoísmo y hacer que sea incontrolable, específicamente cuando tropieza con obstáculos. Este estilo autodestructivo es principalmente sobresaliente en la juventud.

El éxito acompaña a las personas del elemento fuego, pero ellos deben tener mucha cautela con la inestabilidad y la inquietud, que son las insuficiencias más usuales de los nacidos bajo el fuego. Es mejor dominar estos defectos, para no ser esclavizados por ellos. Deben buscar un lugar tranquilo donde puedan estar en paz, y la meditación también les aportará equilibrio.

Las personas del elemento fuego son tenaces, y lucrativas.

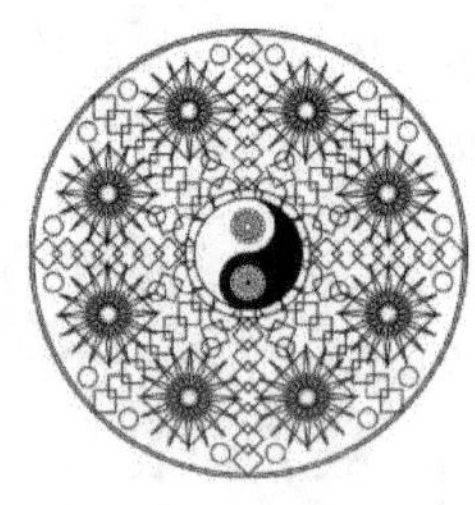

Madera

Las personas que nacieron en los años que terminan en los números 4 o 5 pertenecen al elemento madera. La madera es el elemento que simboliza la armonía, belleza, y creatividad. Tienen un grado de confianza en sí mismas muy alto, y una voluntad de hierro, lo cual las convierte en las personas apropiadas a la hora de luchar por una causa justa.

La madera se relaciona con el planeta Júpiter, es el más beneficioso de los elementos, símbolo de permanencia y conocimientos. Adaptable, se dobla cómodamente, y tiene múltiples usos, caracterizando a las personas comunicativas, dadivosas y honestas.

Las personas del elemento madera, son creativas, y vitales, pero algunas veces son dispersas e incapaces de encontrar su camino y cumplir sus propósitos. Confían en los demás hasta la inocencia, y les gusta codearse con todo el mundo, descubrir siempre cosas nuevas para divulgar y satisfacerse. Le atraen la naturaleza, y los niños, y le da prioridad a la familia.

Ocasionalmente tiende a tener expectativas imposibles, y tienen la costumbre de menospreciar su cuerpo, se excede con las comidas y se deja envolver por la pasión y la sensualidad. Acostumbran a elegir parejas del elemento agua, de quienes absorben audacia y apoyo, y de los de fuego, a los que benefician suministrándoles sus ideas brillantes.
No se lleva muy bien con el elemento metal, que lo arruinan sin clemencia.

El elemento Madera se reconoce por el color verdoso. Estas personas deben cuidarse los ojos.

Con la madera se construyen refugios, por eso nos protege. La madera coincide con la creatividad del agua, y gracias a esa cualidad entienden y ayudan a los demás.

Los nacidos bajo el elemento madera tienen conflictos internos para someterse a las reglas y tradiciones donde el criterio severo está constantemente vigente. Este elemento nutre el agua y, a la vez, es combustible para el fuego. Su energía la aspira la tierra, y es subyugada por el metal.

La personas del elemento madera siempre obtienen grandes triunfos, y tienen una estructura codiciada. Sus vocaciones son versátiles. Ellos le conceden mucha importancia a la integridad, esforzándose por encontrar un lugar permanente en la vida. Creer en el éxito, y su capacidad de análisis le dan la coyuntura de afrontar los problemas más complejos sin titubear. Con un poder de convencimiento increíble, funcionan en muchas áreas, ya que siempre tienen como propósito el desarrollo y la transformación.

Su voluntad natural los ayuda a avanzar, y siempre encuentran respaldo y el capital necesario, ya que las otras personas cuentan con su capacidad para transformar ideas en riqueza.

Su principal obstáculo es llevar las cosas al extremo. La ira, y el coraje contenidos afectan absolutamente de forma negativa las energías de este elemento. Estar cerca de los árboles, y tocarlos equilibra el elemento madera.

En el trabajo, los individuos que pertenecen al elemento madera son ordenados, inteligentes e ingeniosos. En las actividades comerciales, son más fructíferos cuando el trabajo es en equipo, y está bien estructurado.

Ninguna área de trabajo relacionada con su elemento es desfavorable, pero las afines con el fuego pueden afectarlo en cierta medida, y las que se relacionan al metal los arruinarán.

Agua

El elemento más insensible y tenebroso, afín a el invierno, la longevidad y el planeta Mercurio, es el regente de la comunicación y de las afectos profundos.

Un individuo del elemento agua es sensible, pero hermético. Es caritativo, sentimental y frágil, odia las críticas y, por esa razón opta por actuar encubierto para resguardarse. Es cordial, elocuente y a la vez prudente, y sabe vencer los contratiempos sin presumir, con astucia, sagacidad y con perseverancia. De esta forma alcanza sus metas, indirecta y silenciosamente, dando la sensación de ser considerado y comprensivo.

Carecer de energías significa un problema para el elemento agua, si no aprende a nivelar su impotencia con la fuerza que procede de la reflexión y de la comunicación con las zonas profundas de su ser. El pánico es siempre el cordón guía de su vida dramática, a menudo vivida en la oscuridad por el temor a mostrarse y luchar.

En el plano profesional se cohíben por la competencia, sin embargo, rinden bien en lugares despejados y resguardados, como las escuelas, librerías, redacciones o cualquier lugar donde la comunicación, oral o escrita, sea el mecanismo primordial, y en compañía de colegas pacíficos que se ajusten a su personalidad, como, por ejemplo, alguien del elemento madera, con quien coincide el deseo de sabiduría, o con el metal, de quien obtiene decisión. Contrariamente no se adapta al elemento fuego, a quienes extingue y desalienta, ni a los individuos que pertenecen al elemento tierra, con quienes se siente limitado, condicionado, y obstaculizado.

El color negro, es el que les favorece, pero deben usarlo con mesura porque tiende a desanimarlos. Lo mismo sucede con los cuarzos oscuros, que atraen la suerte, como el azabache, el Ónix y la turmalina. Para sacar el mejor provecho de sus cualidades, sin llegar a los extremos, y para no dispersarse, la persona del elemento agua debe comenzar sus planes en el invierno.

En los periodos positivos las relaciones amorosas de este elemento trasmiten ternura, ecuanimidad y cautela, potenciales que les facultan conducirse con la sagacidad necesaria para remediar el origen de sus conflictos cuando aparecen.

Tienen una capacidad increíble para razonar, aunque su personalidad reservada, profunda y turbia los lleva a ser propensos a la melancolía. También presentan falta de seguridad y audacia. La creatividad es una de las principales características que representan a este elemento, también la adaptación, dulzura, piedad y simpatía. Sin agua no existieran los seres vivos en la tierra, este elemento es puro y cristalino, cualidades que tienen quienes pertenecen a este elemento.

Las personas que pertenecen a este elemento son afables y tienen un estupendo dominio sobre los demás. Tienen una intuición original, lo que les permite conquistar rápidamente. La resistencia, y la lucidez les da la oportunidad de predecir eventos.

Pueden percibir las facultades de los demás, inspirarlos de forma efectiva, pero son discretos y no dejarán que otros noten que los están utilizando.

Los abusos con el sodio o los alcaloides, y los prototipos de vida que se apartan de los estructuras comunes son muy perjudiciales para las personas nacidas bajo el elemento agua. Respetar las horas de sueño, mantener una salud mental y emocional relajada, y tener contacto con el agua restaura su armonía, y optimizan sus energías.

Los que pertenecen a un signo del elemento agua pueden tener profesiones afines con la madera y el fuego y ser exitosos, tener trabajos que se relacionen con su propio elemento, y declinar las carreras, funciones y trabajos que se relacionan con la tierra, ya que la tierra somete al agua.

Compatibilidad e Incompatibilidad

Son compatibles:

Rata – Dragón – Mono.

Se relacionan a través de sus personalidades que son muy activas y amistosas. Los tres son esforzados, impacientes, apasionados e intranquilos, y siempre tienen en su mente grandes aspiraciones. Están repletos de ideas, tienen la resistencia y el coraje que se requiere para ejecutarlas, aportando siempre soluciones innovadoras, inesperadas, sorprendentes y poderosas.

Tigre – Caballo – Perro.

Están conectados por la satisfacción que sienten cuando interactúan. Los une su pudor, dignidad, honradez y un obstinado altruismo. Perspicaces, astutos y comunicativos, aunque un poco violentos y estrictos, pelean vigorosamente contra las desigualdades, violencias e ilegalidades. Estos tres signos nunca venden su conciencia.

Buey – Serpiente – Gallo.

A estos tres signos los unen su formalidad, sensatez y la seriedad que alcanzan durante en su vida. Enérgicos, emprendedores e incansables, inflexibles en sus resoluciones, les gusta recapacitar y planificar con tranquilidad antes de obtener compromisos que lamentarían después. Su carencia es la frialdad, ya que para ellos la razón debe predominar sobre las emociones.

Conejo -Cabra -Cerdo.

Tres signos emotivos que además los une su creatividad. Instintivos, susceptibles, sensitivos y retraídos, se acomodan fácilmente a su hábitat, y como buenos aprovechados no les importa depender de los demás. Sus afirmaciones diarias siempre llevan implícitas las palabras: perfección, alianza y conformidad.

***Nota:** Son enemigos contrarios los signos opuestos:*

Rata -Caballo	*Buey - Cabra*	*Tigre - Mono*
Conejo - Gallo	*Dragón -Perro*	*Serpiente - Cerdo.*

Caballo

Características

El caballo es impulsivo ya que se abalanza hacia sus metas sin pensar. Es como si jamás hubiera tenido dificultades o lidiado con obstáculos, por su capacidad de fracasar y no perder sus deseos de triunfar.

Son encantadores, propensos a hablar sin pensar. El caballo en una reunión social hace reír a todo el mundo, y las caras envenenadas de los presentes no le preocupan ya que el sólo tiene tiempo de pensar en sí mismo y alcanzar sus objetivos. No obstante, no lo hace con mala intención, ya que sus actitudes son el resultado de la falta de sensatez y madurez, y si percibe que cometió un error tiene la capacidad de disculparse y arrepentirse de corazón.

A los caballos no les gusta ser dependientes, y si por casualidad en su trabajo tienen que tolerar a un jefe, la pasan super mal. Detestan las leyes de individuos que suponen tienen peor clase que él, aunque estas personas tengan puestos superiores. Por esa razón, tratará siempre de ser un profesional que trabaje independientemente, dueño de su propio negocio.

Aunque a el Caballo le encanta hacerse valorar, él está convencido de lo magistral que es su trabajo. En ocasiones esta evidencia lo ciega, creyendo que puede confundir a los demás, con solo exhibirse delante de sus ojos.

Les gusta sentirse libres, el hogar no es un concepto que sincronice con sus ideas, y aunque es feliz con el mismo y siempre encuentra trabajos que le entretienen, extraña mucho salir con los amigos, e ir a fiestas. Le gusta el cambio, los retos y los peligros. Si por casualidad le ofrecen un trabajo inestable, pero que le da la facilidad de escalar rápido y aumentar su estatus social, se arrojará sin pensarlo.

En el amor, sus resoluciones lo empujan a elegir las parejas que no le convienen, se puede enamorar de alguien que vive en otro país, o de alguien comprometido.

A pesar de eso, desean estabilidad en una vida atolondrada, por tanto, la pareja que lo sujetará será la que sepa hallar el balance entre una vida aburrida, y unas huidas a lo escondido. Indudablemente son alegres y usan su poder de atracción para conseguir lo que necesitan.

En su parte negativa el Caballo es impetuoso y peligroso. Usualmente olvida rápidamente sus infortunios, pero esto le hará perder admiración dentro de su círculo de amistades. También ocasionalmente ejerce una coacción feroz cuando las personas no logran lo que él quiere. El Caballo entrega poco comparado con lo que exige, volviéndose egoísta fundamentalmente cuando se trata de su atención.

A veces es generoso con el dinero, no lo restringe tanto como hace con sus energías, las cuales quiere siempre aptas para sus propósitos.

Cotidianamente el Caballo hace amistades en los que depositará la confianza a medias y que dejará en cuanto lo fastidien, para aparecer como si nada hubiera sucedido cuando el desee. Son sensibles, pero si se enojan no titubearán en causar dolor con sus palabras.

Si verdaderamente amas a un Caballo no lo confines. Apasionado y desenfrenado, tiene relaciones tempestuosas que no concluyen bien. Solo de mayores, y muy a su pesar, asumirán sus compromisos.

La suerte los puede acompañar con el dinero en diferentes periodos de su vida, pero eso no asegura su futuro ya que son malos administrando su economía. Ellos te van a confesar que eso no les interesa, pero realmente es que ellos confían mucho en su suerte, y saben que siempre algo o alguien, los salvará.

Son dramáticos y dicen mentiras, que, por supuesto para ellos son misericordiosas, ya que eso los ayuda a persuadir a los demás, de los que huirán antes de aceptarles un consejo.

El Tigre, el Perro y la Cabra serán sus mejores relaciones en el camino en todas las áreas. También pueden tener mágicos momentos con el Dragón, la Serpiente, el Mono, el Conejo, el Cerdo, el Gallo u otro Caballo.

Para la Rata, el Caballo es demasiado alocado e inestable. Tampoco el Buey acepta las discrepancias del Caballo, y su creatividad, más que una particularidad positiva le parece cualidad que lo lleva al ruina.

Caballo de Metal

Los Caballos de Metal son sociables, y están despuestos a ayudar a los demás. Son muy famosos entre sus amistades, sin embargo, frecuentemente insultan a los demás sin querer debido a su simplicidad.

En general, se llevan bien con las personas jóvenes. Los Caballos de Metal son constantes en el amor, pero su vida está repleta de retos, ya que tienen una relación seria y equilibrada si su pareja está preparada a soportarlos.

El Caballo de Metal es ecuánime, decente y de valores. Ellos hacen todo cuidadosamente, ya que detestan apresurarse. Es venerado por su cortesía, y singularidad.

Un Caballo de Metal no se pierde ninguna reunión social donde pueda exhibir su encanto. Ellos son hermosos, pero incontrolables, y veces incluso osados. Poseen un carácter social, y son muy productivos, con una capacidad de recuperación incomparable.

Aunque carece de estabilidad y paciencia, corrige estas faltas con un pensamiento tolerante. Tiene su autoestima por los cielos, y un fuerte sex appeal. Es seductor, sensible y hablador, pero a la vez irascible y terco.

Caballo de Agua

Los Caballo de Agua pueden renunciar a sus intereses por los de otros. Son susceptibles y románticos. Son amistosos y es muy cómodo para ellos hacer que las otras personas se sientan firmes y satisfechas debido a su personalidad tranquila y su afecto.

El Caballo de Agua es locuaz, sutil e interesante. Tiene capacidad, agudeza mental y casi siempre obtiene sus metas.

La percepción y ser arriesgado le facilitan flotar divinamente en contextos dificultosos, por lo que siempre sale ganando en todas las actividades comerciales financieras, convirtiéndose en accionista, asesor o empresario.

Los fracasos, aunque sean pequeños, lo privan de la capacidad de pensar con claridad y calma, limitándolos a encontrar una salida apropiada para ellos y ocuparse de otro proyecto.

Son super preocupados por su salud, por esa razón siempre están activos, realizando trabajos físicos, o practicando deportes.

Es un Caballo con una excelente vista para los negocios, pero generalmente está muy tenso por su suerte, y comodidad. Se acomoda fácilmente a lo nuevo y tolera los cambios sin parpadear. Este es un Caballo vagabundo, y es más impaciente que otros Caballos.

Después de tomar una decisión, la puede cambiar cientos de veces, de formas diferentes, sin notificar o explicar a nadie al respecto.

Caballo de Madera

Los Caballo de Madera poseen una imaginación exuberante. Son muy respetados debido a sus observaciones sagaces sobre las contrariedades, y frecuentemente saben lo que piensan los demás.

Son proclives a ser quisquillosos, nacen como cabecillas, y dejan a sus obreros sin motivos para lamentarse debido a sus determinaciones cabales y sensatas en el trabajo.

El Caballo de Madera es optimista. Es respetado por su persistencia, y gran sentido del humor. Ellos son justos, inteligentes, y con su convicción, guiarán a cualquiera y demostrarán que tenían razón. Sus principios nunca los comprometen.

Confiable en todos los sentidos, con frecuencia le confían secretos, o les piden consejos, es cordial, servicial, y mucho más paciente que otros Caballos, de hecho, es el más inteligente de todos. Si los presionas, se contrariarán.

Es disciplinado y capaz de pensar de forma clara y persistente, es muy dichoso y activo. No es egoísta y no le gusta abusar de los demás.

Es flamante y poco sentimental, elimina cómodamente lo antiguo y con regocijo abre el portón a lo nuevo. Las primicias siempre sacuden su inteligencia, y no teme ser inusual.

Sus deberes están primero. En un Caballo enérgico, iluminado y radiante, pero debe ser más metódico.

Caballo de Fuego

Los Caballos de Fuego son magnánimos llenos de frenesí, y tienen la posibilidad de liderar el camino en los negocios relacionados al arte.

Los Caballos de Fuego tienen una conducta rígida y rara vez cogen recomendaciones de otros debido a su personalidad porfiada. No obstante, pueden afrontar grandiosos conflictos, o estar bajo presión.

El Caballo de Fuego es un ciclón, es magnífico. Un actor profuso y tenaz, su vida está llena de reuniones sociales. En su entorno, la vida siempre arde, pero él tiene bastante tiempo y voluntad para cualquier cosa. Este Caballo es un predicador, es capaz de gobernar en cualquier negocio.

El percibe las recomendaciones con rivalidad y como una tentativa de alejarlo de los negocios. Muchos admiran al Caballo de Fuego por su carácter positivo, y sentido del humor, pero cualidades, como ser grosero, con frecuencia menoscaban esta opinión.

Impresionante, y ambicioso el Caballo, está dotado de una brillante inteligencia y carisma personal. Él trata de cambiar lo que desea con voluntad y contención. Siendo atrevido avanza hacia sus metas sin precaución.

Es una muy emotivo y de temperamento irascible. El Caballo de Fuego es cómodo y fácil de confundir. Es caprichoso y detesta realizar tareas monótonas.

Caballo de Tierra

Los Caballos de Tierra son alegres, razonables y dispuestos a ayudar a sus amistades, por ende, siempre están rodeados de amigos.

Son muy responsables y valientes por lo que frecuentemente son admitidos como jefes. Están circundados de amor, aunque en ocasiones debido a su carácter rencoroso cometen algunos errores.

El Caballo de Tierra siempre trabaja duro para obtener éxito, y esta es la razón por la que usualmente a lo largo de su vida logra alcanzar la prosperidad.

Un Caballo de Tierra reflexionara más de mil veces antes de tomar una decisión.

No es amante de la soledad y le cuesta mucho trabajo desconectarse de la familia. Detesta la rutina, y si por casualidad esto sucede en su relación de pareja, su vida se convierte en un infierno llevándolo a sufrir dificultades graves. No obstante, es generoso y honesto. Es un padre flexible y con frecuencia pasa por alto sus responsabilidades.

Su energía es infinita, les conviene trabajar por cuenta propia, ya que les cuesta mucho aceptar órdenes.

Predicciones 2023

Caballo

Este año, una actitud positiva, paciencia, perseverancia serán las palabras claves que entrarán en juego en tu vida. Es recomendable que mantengas la paciencia y evites ser agresivo para que tus planes puedan ser exitosos.

Existe la posibilidad de que los dueños de negocios incurran en pérdidas inesperadas o gastos financieros. Es aconsejable que decidas con paciencia. Este 2023 es el año en que podrás adquirir nuevas habilidades y educación que podrían ayudarte a encontrar el éxito en su carrera. Debes utilizar un enfoque inteligente y ser disciplinado.

Podría haber un viaje repentino al extranjero relacionado con negocios. Es probable que aquellos que están buscando oportunidades la encuentren por esa razón es importante que adquieras nuevas habilidades para que potencies tus oportunidades.

Este año será un mejor período para ti y te llevará hacia el crecimiento financiero. Para lograr esto debes prestar más atención a tu planificación económica ya que estarás bajo mucha presión. Debes evitar hacer grandes compras, de lo contrario sentirás presión sobre tu presupuesto. A finales de este año, estarás mejor situado en lo que respecta a tu salud económica.

Cuidado con los dolores de cabeza repentinos, si persisten luego de tomar un analgésico, trata de relajarte y dejar de darle vueltas a los problemas por la noche, intenta dormir bien.

Tu salud este año será mediocre y se verá significativamente afectada. Para mantener tu vitalidad, es esencial que te rodees de personas positivas e intentes fomentar buenas actitudes. Las mujeres embarazadas deben prestar atención a su salud y evitar el estrés innecesario para que puedan traer al mundo un niño sano.

Debes abandonar todos los planes a largo plazo porque las energías existentes ralentizarán el progreso y te exigirán perfección. Para lograr los logros previstos sería mejor que desarrollaras paciencia y tenacidad, pero también necesitas aprender a controlar tu ira si quieres que las cosas funcionen sin problemas y a tu favor.

Es probable que tu vida amorosa sea como montaña rusa, en algunas fases verás que tienes felicidad y durante otras fases de este año, puedes ver que tus relaciones sufren interrupciones. Sigue la corriente y avanza con convicción cuando se trata de compromiso para que determines el curso del amor.

Debes decidir qué es lo que deseas en tu vida amorosa. No debes ser conforme, atrévete a exigirle a tu pareja lo que deseas en una relación. Debes ser firme y no acceder. Las personas solteras conocerán a alguien. Te conectarás a través de Internet con alguien que vive en otro país y sentirás por esta persona una atracción inmediata. Será una relación que, por la distancia, irá despacio, pero con paso firme. Es una relación que está muy bien auspiciada y puede convertirse en un matrimonio.

Los que no han revelado su conexión amorosa deben tomar precauciones ya que sus familiares pueden crear obstáculos.

Algunos han estado ilusionados con un negocio en el que han trabajado desde hace tiempo. El problema es que, debido a que toda tu atención está puesta en ese proyecto, estás descuidando el resto de tus actividades. Se has estado acumulando cosas pendientes, por el momento son pequeñas, pero que con el tiempo se juntarán y amenazarán la solidez de tu cuenta de banco. Es aconsejable que lleves un seguimiento de tus ingresos y principalmente de tus egresos ya que existe la posibilidad de que alguien de confianza se esté apropiando de dinero que no le pertenece.

No eres la única persona que vive en este mundo, debes tratar de entender que algunas veces las personas lidian con muchos problemas a la vez y no pueden estar disponibles para ti todo el tiempo. Si alguien no responde tus mensajes no asumas rápidamente que tu no le interesas, o que no desea de comunicarse contigo. Interpretar el comportamiento humano es complejo y debes ser compresible para que puedas relacionar de la mejor forma.

Combinación de los Signos Zodiacales con el Horóscopo Chino

Cuando combinas los horóscopos Orientales y Occidentales, es increíble la conexión que existe y lo certeros que son.

Los horóscopo chino y el occidental son los que más se utilizan. Si tienes la posibilidad de entenderlos profundamente esto te facilitará utilizarlos y tener un enfoque centralizado.

Ambos horóscopos están basados en la posición de las estrellas, pero en el horóscopo chino se utilizan 28 constelaciones, y en el occidental 88. Los dos coinciden en que tienen12 segmentaciones esenciales. El horóscopo chino está fundamentado en 12 animales que gobiernan cada año, y el occidental en 12 signos que rigen cada mes.

El Horóscopo chino se basa en el calendario lunar, y es el horóscopo más viejo que se conoce hasta ahora. Probablemente tu signo zodiacal coincida con tu signo en el horóscopo chino, pero eso no ocurre con frecuencia. Si ese fuera el caso las predicciones serían más certeras.

Existe una equivalencia entre los signos de ambos horóscopos:

Aries/Dragón, Tauro/Serpiente, Géminis/Caballo, Cáncer/ Cabra, Leo / Mono, Virgo/ Gallo, Libra / Perro, Escorpión /

Cerdo, Sagitario / Rata, Capricornio/Buey, Acuario / Tigre, y Piscis / Conejo.

Combinaciones

Caballo

Aries / Caballo

Estas personas tienen una energía incontenible, y son muy curiosas. Esta combinación tonifica las características de ambos signos. El signo de Aries es terco, y tenaz. Este es un Caballo con un temperamento incontrolable.

Esta es una persona emocional, pero que no les teme a los cambios, al contrario, siempre aprovecha cualquier circunstancia para drásticamente hacer transformaciones en su vida.

Tauro/ Caballo

Esta persona nole preocupa nada en la vida, solo evitar sufrir y seguir su camino a su propia forma. No le interesa cambiar el mundo y ensenar que tiene cualidades exclusivas.

Es una persona de temperamento fuerte, sabe lo que necesita, y lo que quiere, de la vida, y se planifica para obtenerlo con mucha paz y tranquilidad. Terco, inflexible, no teme a nada porque carece de debilidades. Es una persona noble y sensible cubierta con una armadura de los Caballeros Templarios.

Géminis /Caballo

Estas son personas rápidas, repletas de ideas y planes. Se identifican por su personalidad impredecible, ya que cambian cómodamente sus opiniones.

Nunca se aburen porque generalmente están rodeados de amistades. Es ilusorio profetizar su estado de ánimo, o comprender los motivos detrás de sus acciones.

Cáncer/ Caballo

Estas personas son humildes, sensitivas, y dependen mucho de los criterios de los demás. Cáncer es un signo retraído por naturaleza, pero bajo la dominio del Caballo se vuelven seguras.

Estos individuos tienen una personalidad equilibrada armónicamente, que les confiere autocontrol, y la facultad de contener las expresiones negativas de su naturaleza.

Leo/ Caballo

Estas personas infestan a otros con su optimismo ya que aman la vida en todas sus manifestaciones. Ellos no saben cómo estar tristes y piensan positivamente en cualquier circunstancia.

Nunca duda de ninguna persona y se esmera en cumplirle los deseos a todos sus familiares y amigos. Trata de utilizar el pensamiento lógico, pero no excluye la influencia de las emociones. En ocasiones se enfrentan a reveses, pero estas circunstancias no afectan sus estado de ánimo.

Virgo/ Caballo

Estos individuos son seductores y positivos. Su temperamento es equilibrado, son activos, y enérgicos. La unión de estos dos signos es muy fructífera porque dota a esas personas de optimismo.

Saben cómo disfrutar de la vida, y sobresalen por su alegría. Siempre están esforzándose por evolucionar y adquirir nuevos conocimientos. Usualmente tienen éxito donde quiera que llegan.

Libra/ Caballo

Esta combinación da personas alegres de un temperamento super afable. No les gusta estar solas, y hacen amigos con bastante facilidad. Tienen mucho autocontrol, su mentalidad es muy desarrollada y las otras personas lo perdonan con facilidad. Algunos si exponen su parte negativa pueden ser narcisistas, o tener mal carácter.

Escorpio/ Caballo

Este individuo es muy difícil de tratar porque es testarudo. Es una persona apasionada, no les tiene miedo a los conflictos, y es muy segura de sí misma. Algunas veces es muy egoísta y se comporta como un niño cuando no le dan un juguete.

Percibe el dolor del otro, y tienen propensión a evitarlos si esas personas están cerca de él.

Sagitario/ Caballo

Este individuo tiene una ingenuidad exclusiva, se alegra y disfruta mucho cada momento. Él vive el aquí y ahora.

Es muy optimista, y un soñador. Aborrece el aburrimiento, él es como un niño, que persevera por aprender todo lo incógnito. No puede haber nada intacto en su vida, todo debe desenvolverse en un ciclo de cambios, ya sea un cambio en el estatus familiar, el trabajo o el hogar.

Capricornio /Caballo

Estos individuos son realistas y no tienen miedo de nada. Estas personas planifican esmeradamente su futuro, son tenaces con un alto potencial de creatividad y mucho raciocinio.

Todo lo que se proponen lo consiguen, y su carácter sociable es muy influyente en su círculo familiar. Es receptivo, y las personas le cuentan sus problemas porque casi siempre reciben consejos adecuados.

Acuario/ Caballo

Esta persona es perseverante nació para triunfar. Es muy curioso, y no soporta la pereza. Su vida está en constante cambio y por esta razón a veces se pone un poco furioso. El Caballo impredecible exalta las características de Acuario como la alegría, y la intranquilidad. Estas personas siempre tienen apuro y les da miedo que el tiempo se acabe y no poder terminar todo lo que planificaron. Él confía firmemente en su victoria, se distingue por su fantasioso.

Piscis/ Caballo

Estas personas son sosegadas y con facilidad se ganan la simpatía de todo el que conocen. Son famosos por su carácter afable, y hacen amigos con facilidad.

Son divertidos y empatizan con el dolor ajeno. Siempre tienen la mejor disposición para apoyar a cualquier persona, incluso las que no conocen.

Ritual para comenzar el Nuevo Año Chino 2023

El Año Nuevo Chino debes recibirlo con alegría, música y una espléndida comida familiar. Es un período para festejar, y concentrarse en la suerte y prosperidad para el próximo año. Debes usar ropa nueva porque esto simboliza un nuevo comienzo. Un color resonante, como el rojo, que generalmente representa la armonía, buena suerte y bienestar, es genial para este día. Evita ponerte blanco o negro durante la espera del Año Nuevo, ya que estos son los colores que usualmente las personas visten para los funerales.

Hacer una limpieza para estar preparado para el Año Nuevo Chino, en forma de ritual, es muy beneficioso. Con esta limpieza se intenta alejar los malos espíritus que podrían estar escondidos en las esquinas de la casa. Usualmente las personas cambian los muebles o los mueven de lugar, retocan la pintura de su hogar, reparan lo que esta dañado, y lavan las ventanas con agua abundante.

Ritual de Purificación Energética

Esa misma tarde, antes de que comience el año, debes limpiar tu casa, abrir todas las ventanas para que se ventile, y poner flores blancas y amarillas en todos las áreas comunes de tu hogar. Específicamente en la entrada debes colocar incienso de canela, sándalo, eucalipto o lavanda, o un sahumerio de Palo Santo, Salvia Blanca o Vainilla.

Debes sahumar bien la casa. Sahumar es la acción de crear humo, generalmente usando inciensos, para aromatizar el medio ambiente, y para emplearlo como una instrumento de depuración y limpieza. Su particularidad es que expulsan una fragancia placentera, a la cual se le adjudican propiedades relajantes. Muchas personas usan los sahumerios con el objetivo de cambiar las vibraciones energéticas de su hogar.

Si tienes un sahumerio que vas a pasar por todas la casa, recuerda que debes realizar movimientos circulares hacia la derecha. Si tienes la intención de purificar un área personal, debes comenzar por tu propio cuerpo comenzando por tus pies hasta la cabeza, y después regresar a la parte del corazón, siempre haciendo círculos leves.

Como este es el año del Conejo es recomendable tener un par de conejos de metal o madera en tu hogar, y si tienes la posibilidad, algunos de cristal ya que estos representan el elemento del año: el agua.

Sino tienes esa oportunidad entonces puedes simbolizarlo con imágenes, retratos, o figuras. Considéralo un talismán de la suerte, porque al final el conejo se esfuerza para salvaguardar la prosperidad. Traerá mucha riqueza a tu hogar.

Otra recomendación para el 2023 es que pintes alguna de las paredes de tu hogar de azul celestial. Este color es uno de los colores de la prosperidad para este nuevo año. Mucho cuidado con atiborrar tu casa de azul, nunca debes olvidar que mantener el equilibrio es lo más importante. Si te excedes en el color azul estarás atrayendo desánimo o apatía.

Otra alternativa u opción, es llevarlo contigo, en forma de brazalete, aretes colgantes, péndulos, dormilonas, en un anillo, llavero o un talismán dentro de tu bolsillo, o cartera. Si tienes las dos cosas el conejo y el agua, esto formará una asociación de riqueza, resguardo y buena suerte en tu vida, en tu hogar u oficina. Ten en mente siempre que todo se acompaña de constancia y esfuerzo.

Si puedes comprarte unas plantas como la Albahaca que tiene una gran capacidad de generar abundancia, además de su poder para alejar y trasmutar las malas vibraciones, no te arrepentirás. Tener Jazmín sería otra buena opción, tu hogar estará siempre aromatizado y con buenas vibraciones. Debes tener jazmines frescos en tu casa siempre que tengas la posibilidad, pero lo más vital es que el primer día del año chino estén en cualquier rincón de tu hogar.

La Decoración de tu Hogar de acuerdo con el Feng Shui

El Feng Shu es una filosofía China que examina el entorno, basándose en la teoría del Yin y el Yang, y los Cinco Elementos.

Los expertos han demostrado que zonas de la antigua china eran escogidas regularmente en territorios que están circundados de montañas y tenían un río. Solamente no era porque esas zonas proporcionaban los criterios primordiales para sobrevivir, sino que lo hacían para cumplir con los patrones que establece el Feng Shui.

La idea principal del Feng Shui es lograr el equilibrio entre la humanidad y el Universo. Si existen buenas energías, hay equilibrio, ya que el Feng Shui incide en el destino de cada persona.

A través del estudio del Feng Shui, los seres humanos pueden trabajar en su compatibilidad con la naturaleza, su entorno y sus vidas, para lograr más prosperidad, y salud en la vida.

Teoría de los Cinco Elementos

La teoría de los Cinco Elementos es un componente del Feng Shui. Estos Elementos son importantes para precisar el Feng Shui adecuado en un espacio determinado. Estos elementos son: Fuego, Tierra, Metal, Agua y Madera, y cada uno tiene una particularidad que simboliza aspectos concretos de la vida.

Los Cinco Elementos son la expresión que utiliza el Feng Shui para explicar la estructura de la naturaleza, y estos elementos actúan en conjunto y siempre deben estar equilibrados.

El Feng Shui para los Doce Signos del Horóscopo Chino

Signo de la Rata

El Agua favorece a las personas que nacieron bajo el signo de la Rata, las ayuda a obtener prosperidad. Para obtener abundancia deben poner una pecera con peces dorados en la parte Norte de su oficina.

Signo del Buey

Las personas de este signo lograrán obtener prosperidad si utilizan el elemento Fuego. Para lograrlo deben poner artículos de porcelana o cerámica en sus negocios u oficinas, y en su hogar.

Signo del Tigre

El elemento tierra es el que deben utilizar los individuos que pertenecen al signo del Tigre. Deben agregar algo relevante que simbolice este elemento tierra. Una maceta con una planta, o una flor natural que crezca puede traerle la prosperidad sus vidas.

Signo del Conejo

Para tener suerte y atraer la abundancia, las personas del signo del Conejo requieren un elemento secreto de tierra en sus vidas. Debe esconder un cuarzo de jade o de Citrina en la parte Noreste de su casa u oficina.

Signo del Dragón

El Noroeste es excelente para los que nacieron bajo el signo del Dragón. En esta dirección deben poner una recipiente con agua clara mezclado con un poquito de tierra. Otra opción es colocar una Flores de Loto en un cuenco.

Signo de la Serpiente

La prosperidad llegará a la vida de los individuos que pertenecen al signo de la Serpiente si utilizan objetos de Metal, específicamente el Oro y la Plata, en su hogar u oficinas.

Signo del Caballo

El Noroeste es la posición recomendada para las personas del signo del Caballo para obtener un gran capital. Deben poner un rana de Metal en el Noroeste de su hogar o negocio.

Signo de la Cabra

El Norte es el punto cardinal apropiado para las personas que nacieron bajo el signo de la Cabra. Deben poner una cajita de madera, u otro objeto de madera, en el Norte de sus oficinas u hogar. Si utilizan una cajita de Madera, adentro deben poner un objeto afín a su profesión en la misma. Por ejemplo, un escritor puede colocar un lápiz en la cajita.

Signo del Mono

Para que la prosperidad llegue a la vida de las personas que nacieron bajo el signo del Mono, deben colocar en la parte Oeste de la casa o el negocio, una planta de su tamaño, o más grande, en ese punto cardinal.

Signo del Gallo

La buena suerte llegará a la vida de los que pertenecen al signo del Gallo, si colocan algunas semillas en un vaso, botella o tazón de color rojo oscuro. No deben utilizar nada de Metal.

Signo del Perro

Las personas que pertenecen al signo del Perro deben prescindir los elementos Agua y Tierra en sus vidas. Pueden poner troncos o ramas de plantas en su oficina u hogar, pero no pueden ponerlo en Agua o Tierra.

Signo del Cerdo

Las personas que nacieron bajo el signo del Cerdo requieren el elemento Fuego en sus vidas para traer la buena suerte. Pueden colocar una bandeja de cerámica, u otros artículos hechos de barro en sus casas oficinas. Los artículos de cerámica son pasados por el fuego para su terminación.

Acerca del Autor

Además de sus conocimientos astrológicos, Alina Rubi tiene una educación profesional abundante; posee certificaciones en Sicología, Hipnosis, Reiki, Sanación Bioenergética con Cristales, Sanación Angelical, Interpretación de Sueños y es Instructora Espiritual. Ella posee conocimientos de Gemología, los cuales usa para programar las piedras o minerales y convertirlos en poderosos Amuletos o Talismanes de protección.

Rubi posee un carácter práctico y orientado a los resultados, lo cual le ha permitido tener una visión especial e integradora de varios mundos, facilitándole las soluciones a problemas específicos. Alina escribe los Horóscopos Mensuales para la página de internet de la American Asociation of Astrologers, Ud. puede leerlos en el sitio www.astrologers.com. En este momento escribe semanalmente una columna en el diario El Nuevo Herald sobre temas espirituales, publicada todos los viernes en forma digital y los lunes en el impreso. También tiene un programa y el Horóscopo semanal en el canal de YouTube de este periódico. Su Anuario Astrológico se publica todos los años en el periódico "Diario las Américas", bajo la columna Rubi Astrologa.

Rubi ha escrito varios artículos sobre astrología para la publicación mensual "Today's Astrologer", ha impartido clases de Astrología, Tarot, Lectura de las manos, Sanación con Cristales, y Esoterismo. Tiene un video semanal sobre temas de astrología en el canal de YouTube del Nuevo Herald. Tuvo su propio programa de Astrología trasmitido diariamente a través de Flamingo T.V., ha sido entrevistada por varios programas de T.V. y radio, y todos los años se publica su "Anuario Astrológico" con el horóscopo signo por signo y otros temas místicos interesantes.

Es la autora de los libros "Arroz y Frijoles para el Alma" Parte I, II, y III una compilación de artículos esotéricos, publicada en los idiomas inglés y español, "Dinero para Todos los Bolsillos", "Amor para todos los Corazones", "Salud para Todos los Cuerpos, Anuario Astrológico 2021, Horóscopo 2022, Rituales y Hechizos para el Éxito en el 2022 Hechizos y Secretos, Clases de Astrología, Rituales y Amuletos 2023 y Horóscopo Chino 2023 todos disponibles en siete idiomas.

Tiene su canal de YouTube con temas de psicología, esoterismo y astrología, donde puedes disfrutar de videos sobre las almas gemelas, la rencarnación, el lenguaje corporal, los viajes astrales, el mal de ojo, los hechizos y muchos temas más.

Rubi habla inglés y español perfectamente, combina todos sus talentos y conocimientos en sus lecturas. Actualmente reside en Miami, Florida.

Para más información pueden visitar el website www.esoterismomagia.com

Angeline A. Rubi es la hija de Alina Rubi. Desde niña se interesó en todos los temas esotéricos y practica la astrología y Kabbalah desde los cuatro años. Posee conocimientos del Tarot, Reiki y Gemología. No solo es autora, sino editora de todos los libros publicado por ella y su mamá.

Para más información pueden contactarla por email: rubiediciones29@gmail.com

www.ingramcontent.com/pod-product-compliance
Lightning Source LLC
LaVergne TN
LVHW010119170826
845678LV00012B/2501

9798374672411